Humanos con Cristo

PABLO CIRUJEDA

Humanos con Cristo

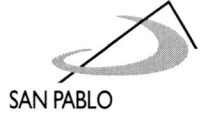

SAN PABLO

© SAN PABLO 2025
   Protasio Gómez, 11-15. 28027 Madrid
   Tel. 917 425 113
   secretaria.edit@sanpablo.es - www.sanpablo.es
© Pablo Cirujeda Ranzenberger, 2025

Distribución: SAN PABLO. División Comercial
Resina, 1. 28021 Madrid
Tel. 917 987 375
ventas@sanpablo.es
ISBN: 978-84-285-7263-7
Depósito legal: M. 2.397-2025
Impreso en Artes Gráficas Gar.Vi. 28970 Humanes (Madrid)
Printed in Spain. Impreso en España

«Con tres heridas viene:
la de la vida,
la del amor,
la de la muerte»,
Miguel Hernández.

Prólogo

En algunas ocasiones me pregunto el porqué de continuar escribiendo sobre temas que se han abordado muchas veces. Si este abundamiento literario recayere sobre cuestiones banales o fútiles, tendría poco interés darle más vueltas. Sin embargo, cuando reflexionamos sobre algo esencial, el resultado siempre tiene sentido. Se produce entonces un fenómeno parecido al que es propio de los clásicos en literatura, cuya relectura siempre aporta algo nuevo.

Hablar sobre Jesucristo y la condición humana es el tema inagotable por excelencia de la espiritualidad y de la teología. Damos por tanto la bienvenida a este ensayo de Pablo Cirujeda que sigue la serie de sus libros anteriores, todos ellos apasionados por la realidad humana a la luz del Evangelio. Este *Humanos con Cristo* ciertamente habla sobre Jesús de Nazaret y sobre el hombre y la mujer.

Por lo que se refiere a Cristo, yo no concibo una aproximación que sea neutra. Por esto, cualquier aportación personal sobre Jesús de Nazaret no solo tendrá la posible y relativa novedad de lo expuesto, sino que nos hablará también de quien escribe. Y esto es siempre muy interesante. Mi sabio profesor de la Universidad Gregoriana de Roma y hermano benedictino, el teólogo alemán Elmar Salmann, decía que solo lo que contiene algo biográfico es verdadero.

Por su parte, la reflexión sobre la humanidad siempre es interesante. Estamos expuestos a los impactos acelerantes y hasta alienantes de la Modernidad. Nos sentimos frágiles, sin fórmulas que nos guíen. Algunos, que hemos abrazado en la vida la misión de comunicar un modelo muy concreto de hombre y mujer, padecemos lo inadecuado del lenguaje para conectar con las generaciones más jóvenes. Realmente, siempre se agradece la elaboración intelectual sobre todo lo humano para su mayor comprensión.

Este es el marco en el que se sitúa el libro de Pablo Cirujeda, que no tiene nada de biografía personal pero sí lo tiene todo de su propio pósito vital: hombre, sacerdote, médico y psicólogo, que, en una edad madura, nos ofrece una mirada a la condición humana para poder situar en ella a Jesús de Nazaret, como hombre y como modelo salvador de los hombres y las mujeres de hoy. Un escrito que intencionadamente cuestiona al lector, a su experiencia vital, al proponer al final de cada capítulo unas pautas de examen y reflexión personal sobre el tema planteado.

De estos dos grandes temas, Cristo y lo humano, empecemos por el segundo. La reflexión antropológico-espiritual viene presentada por un índice muy clásico, los pecados capitales, que podría confundir al lector, ya que en estas páginas encontrará un desarrollo innovador. La experiencia pastoral y humana del padre Pablo le permite acercarse a los hombres y a las mujeres de hoy con unos criterios de comprensión que no suenan nada pasados de moda y que extienden el efecto de algunos de los así llamados «pecados capitales» a situaciones muy contemporáneas.

La lista lo que nos muestra, en definitiva, es la realidad poliédrica de la persona humana. Comprendemos mucho mejor al hombre y a la mujer de hoy si somos capaces de una aproximación multidisciplinar. En un mundo que no tiende precisamente al matiz como protagonista, las perspectivas psicológica y bíblica que proporciona la lista de flaquezas humanas se convierten en estudio práctico de nuestra complejidad.

Del mismo modo que el poeta catalán Salvador Espriu dijo: «*Han convingut molts noms a un sol amor*» (se le han dado muchos nombres a un solo amor), también se han dado muchos nombres a la ambigüedad humana, concepto usado por el teólogo Paul Tillich para calificar la realidad global del Pecado, en mayúsculas. La tradición cristiana ha querido concretar esta realidad en conceptos que hoy entendemos como no reductivos, pero que nos dejan una guía pedagógica, la cual este libro recupera. El autor retoma esta tradición con el uso de la ira, la soberbia, la gula, la lujuria, la avaricia, la pereza y la envidia, para afirmar cómo esta misma ambigüedad humana se presenta de muchas maneras, pero siempre en lo concreto y en lo real.

Algunos ejemplos de estas ambigüedades en la aproximación de este libro serían los siguientes:

- Llegar a la raíz de la gula como respuesta –equivocada– a la ansiedad vital. Es esta profundidad la que entonces permite la extensión del «pecado de gula» a situaciones contemporáneas, que jamás pudieron estar en la mente del que la formuló, como la adicción a la comida chatarra o al tabaco.

- Relacionar la lujuria con la infancia más que saciada tan común en los niños y niñas ricos del mundo. Otra aproximación nueva e interesante. El autor deriva entonces de aquí la cantidad de efectos paralizantes a nivel humano que produce la frustración. La lujuria, en su aspecto destructivo, se entiende como tendencia a la insaciabilidad, ya que en ella se encuentran la infinita pasión humana y la superficialidad del objeto con la que en vano pretendería saciarse.

- Valga aún, como ejemplo, la relación entre pereza y un tema que personalmente me preocupa enormemente, cual es el del ocio tecnológico, que influye en los niños y jóvenes de hoy de una manera radical. Pensando en nosotros, en nuestra generación, y comparando la capacidad de lectura y de estudio de nuestros padres y abuelos con la nuestra, nos damos cuenta de la facilidad con la que la tecnología nos atrapa a todos y añoro, al menos yo, aquella actitud que Karl Rahner pedía al lector, «el esfuerzo del concepto», en la introducción a su *Curso fundamental sobre el cristianismo*. Este esfuerzo se me aparece hoy como el polo opuesto a todas la técnicas de distracción que el consumismo tecnológico nos propone, tan bien incluidas dentro de la pereza y de la dejación de responsabilidad respecto a los propios dones propuestas por el autor.

Se intuye detrás de estas observaciones que nada de esto es teórico para el padre Pablo, sino que todo está apoyado por historias concretas que han sido escuchadas, compartidas y acompañadas.

Esta aproximación es antropológicamente realista pero positiva. Es evidente que ajusta cuentas con la ambigüedad humana, pero también hace las paces con ella. El referir lo descrito en cada capítulo al Evangelio, a los encuentros de Jesús con toda esta debilidad, le da siempre una ventana de esperanza.

Común a la descripción de muchos capítulos con este detalle trata de no justificarlo todo por los traumas de la infancia o por lo padecido, en una palabra, por lo inconsciente. Este inconsciente es otro de los mitos de la Modernidad, usado para justificarlo todo, especialmente la propia irresponsabilidad personal, la autonegación. Me ha recordado las reveladoras palabras de un formador que me dijo hace casi treinta años: «El consciente también es muy importante». ¡Afirmar que tenemos la capacidad de superar nuestros traumas es revolucionario!

La humanidad en negativo es el puente a la humanidad débil. Como pasa en fotografía, el negativo iluminado nos da una imagen positiva, llena de esperanza. La luz que ilumina lo humano en negativo es naturalmente la del hombre que, por su naturaleza, compartiendo la condición humana, padeció pero no sucumbió a la ambigüedad, sino que hizo emerger la imagen y la semejanza real del hombre y de la mujer. Así, tras exponer todo lo humano, nos aparece Jesús, el segundo gran tema, en todo semejante a nosotros, como dice el título de la introducción, pero capaz de llevarnos más allá.

La presencia y la aproximación a Jesús de Nazaret es constante. Ya he dicho que en cada capítulo aparecía su Palabra sobre cada una de las actitudes descritas. La ventana de esperanza ante el negativo humano lo es porque en él, en Cristo, tenemos el modelo antropológico que supera toda ambigüedad. Su novedad radical está precisamente en este no estar tocado por esto.

En el penúltimo capítulo del libro, sobre las tentaciones del desierto, la mirada se centra en Jesús de Nazaret haciendo uso responsable de su libertad. El cristiano es capaz de superar sus heridas a imagen de este uso responsable de la libertad. Nada podría ser antropológicamente más positivo, nada nos da una mejor visión y esperanza en la humanidad que afirmar que, frente a las fuerzas del inconsciente, de las superestructuras materiales y del conformismo, los hombres y las mujeres pueden responder; y los cristianos no solo pueden, sino que deben hacerlo.

El amor, poliédrico como lo humano y poliédrico como el pecado, aparece en cada capítulo como la superación en positivo de los retos a los que todo este cúmulo de ambigüedades personales nos desafían.

Lo he encontrado magníficamente expresado en el capítulo de la lujuria, que se supera por el amor maduro, y me permito citar el párrafo:

> Es un amor que está en paz con sus limitaciones y, a diferencia de la lujuria, no busca ser colmado, sino que sabe equilibrar la donación con el placer, la soledad con la compañía, la contención con el éxtasis. Amar es saber que el vacío interior de cada persona solamente se puede ir llenando desde una espiritualidad de autodonación gratuita, en la que sé que el otro no me va a ofrecer lo que a mí me falta, sino que juntos vamos a caminar en busca del Amor que todo lo alcanza.

Jesús de Nazaret es maestro de la libertad porque solo pudo amar. Creo que en esto tan sencillo está su ser salvador que, página tras página, nos va revelando este *Humanos con Cristo* de Pablo Cirujeda.

P. Manel Gasch i Hurios, osb,
abad de Santa María de Montserrat

Introducción
En todo igual que nosotros

En el camino de la vida, lo sabemos bien, no faltan los tropiezos. En las experiencias diarias, en los encuentros con los demás, en las tareas que vamos asumiendo, en todo ello abundan los retos de los que no siempre salimos airosos. A veces logramos conducir nuestras vidas por donde nos lo habíamos propuesto; otras muchas tenemos que acabar lamentándonos de lo que no pudimos lograr. Y, si somos honestos, acabamos reconociendo que el mayor enemigo para alcanzar una vida plena habitualmente está en casa, dentro de nosotros mismos. Nuestra ansiedad, nuestras expectativas equivocadas o nuestra falta de compromiso acaban por hacer descarrilar los proyectos personales por los que habíamos apostado.

La Biblia nos recuerda en muchos de sus textos que, a lo largo de este camino de vida, todos acabamos enfrentando, irremediablemente, pruebas o tentaciones que tienen que ver con nuestros impulsos más primitivos. En cada uno de nosotros dormitan estas pulsiones contrarias a nuestros propósitos, capaces de sabotear hasta las intenciones más nobles. La ira, la envidia o la pereza, por nombrar algunas, están presentes en todos nosotros, y pueden llegar a convertirse en una amenaza para lograr una vida plena. Muchos personajes bíblicos, tanto del Antiguo como del Nuevo Testamento, lucharon contra estas inclinaciones al mal y con sus consecuencias, como el rey David, o los mismos apóstoles de Jesús. Con los siglos, estas actitudes se fueron definiendo como los siete pecados capitales, es decir, la totalidad de las amenazas que enfrenta todo ser humano en su itinerario de desarrollo personal. Se trate de la soberbia, de la lujuria o de cualquier otra de ellas, más que de acciones concretas, hablamos de tentaciones universales que intentan dominar a la persona para confundirla y así apartarla del camino del bien.

Aquellos a los que nos seduce y estudiamos la figura de Jesús de Nazaret podemos ir descubriendo en él a una persona que vivió toda su vida expuesto a esas mismas tentaciones comunes que enfrentamos todos. Su lucha permanente con ellas, reflejada ampliamente en los evangelios, nos muestra el itinerario de un hombre que fue capaz de no sucumbir ante estas tentaciones, hasta el punto en el que la teología posterior pudiera describirlo como alguien «probado en todo igual que nosotros, excepto en el pecado» (cf Hebreos 4,15). La vida de Jesús, por lo tanto, no estuvo exenta de obstáculos y dificultades, no solamente externas, sino también de las que brotan desde el interior del corazón humano, con las que fue sometido a prueba.

¿En qué fue probado Jesús? ¿Cuáles son las pruebas a las que se enfrenta toda persona a lo largo de su itinerario de desarrollo humano? Nuestra educación religiosa, tan influenciada por las imágenes de Jesús que hemos conocido desde nuestra infancia, nos dificulta poder pensar en las tentaciones que tuvo que vencer aquel al que reconocemos como Hijo de Dios pero que se denominaba a sí mismo «Hijo del hombre». Tanto en el arte como en la religión hemos divinizado tanto su itinerario terrenal que nos cuesta identificar su dimensión humana, sus luchas y sus aprendizajes. Sin embargo, los tres evangelios sinópticos –Marcos, Mateo y Lucas– se hacen eco del conocido relato de las tentaciones de Jesús al inicio de su vida adulta, tentaciones que duraron, de forma figurada, 40 días y 40 noches –es decir, toda su vida– y describen con claridad el proceso al que fue sometido «por el Espíritu [...] para ser tentado por el diablo» (Mateo 4,1).

Solidario con la condición humana, vemos por tanto, que también Jesús se enfrentó en numerosas ocasiones al «tentador», como lo llama inicialmente Mateo, luego también denominado «diablo» o «Satanás». Como cualquiera de nosotros, tuvo que librar dentro de sí mismo la batalla permanente entre el bien y el mal, entre la voluntad del Padre y las demás voces que intentaban apartarlo del camino o, en lenguaje bíblico, entre el Espíritu Santo y los espíritus inmundos. A partir de la contemplación de sus luchas podemos enfrentar mejor las nuestras, pues «por sus heridas hemos sido sanados» (Isaías 53,5), como anticipó el profeta. Las heridas de Jesús, fruto de su lucha incansable contra el mal, son las heridas de una vida que no permitió que las tendencias más destructivas del ser humano anidaran en su corazón.

Queremos acompañar a Jesús en esa lucha, que anticipa las nuestras, frente al tentador, que aparece una y otra vez a lo largo de su vida, hasta en sus momentos finales. Nadie puede evadir las tentaciones capitales; sí podemos aprender cómo enfrentarlas, guiados por quien no se dejó someter por ninguna de ellas.

1
Jesús y la ira

La ira es, posiblemente, una de las respuestas humanas más universales frente a una contrariedad, de la cual nadie puede escapar. Como todas las tentaciones capitales, la ira tiene muchas caras: el enfado, el enojo, la furia, etc., así como el riesgo de que pueda llegar a convertirse en odio o rencor. Además, es ciega. Y, como pasa con todas las tentaciones, nadie estará exento de llegar a sentirse furioso o iracundo en algún momento de su vida –Jesús también llegó a experimentar esos sentimientos–; pero quien se deje poseer por ello irá destruyendo todo lo que haya a su alrededor, empezando por sus seres queridos.

Hay que distinguir, en primer lugar, entre experimentar una tentación y caer en la tentación, que es de lo que advirtió el mismo Jesús en la oración que enseñó a sus discípulos: «Y no nos dejes caer en tentación» (Mateo 6,13). La tentación, o prueba, es una experiencia inevitable en toda vida humana, como lo fue en la de Jesús. Los evangelios nos relatan varios episodios en los que él mismo se vio invadido por la ira frente a lo que consideraba una injusticia o una afrenta, especialmente ante la hipocresía. En el encuentro con un paralítico en la sinagoga, relata Marcos que Jesús preguntó: «"¿Es lícito en sábado hacer el bien en vez del mal, salvar una vida en vez de destruirla?". Pero ellos callaban. Entonces, mirándolos *con ira,* apenado por la dureza de su corazón, dice al hombre: "Extiende la mano". Él la extendió y quedó restablecida su mano» (Marcos 3,4-5).

El evangelista no tiene ningún conflicto en mencionar que Jesús, frente a la obstinación de los fariseos, que no sentían compasión por aquel hombre, sintió por un momento ira hacia ellos. No nos consta que ese sentimiento se convirtiera en una acción de agresión o de venganza contra sus personas. Simplemente, se enfadó, como también le ocurrió frente a los vendedores del Templo de Jerusalén, a los cuales desalojó enfurecido por haber convertido la casa de oración en una casa de ladrones (cf Mateo 21,13). Y, en varias ocasiones, Jesús se molestó con sus propios discípulos, por sus ambiciones de poder y por rechazar sus enseñanzas, como en la siguiente escena: «Le presentaban unos niños para que los tocara; pero los discípulos les reñían. Mas Jesús, al ver esto, *se enfadó* y les dijo: "Dejad que los niños vengan a mí, no se lo impidáis, porque de los que son como estos es el reino de Dios. Yo os aseguro: el que no reciba el reino de Dios como niño, no entrará en él"» (Marcos 10,13-15).

El enfado, el enojo o la propia ira son, por lo tanto, sentimientos que brotan del corazón humano cuando se enfrenta a una situación que considera inaceptable. Hasta aquí alcanza la tentación, de la que nadie se puede evadir. Sin embargo, el evangelio también nos relata, en algunos personajes, hasta dónde puede llegar a degenerar este sentimiento. Uno de ellos es el endemoniado de Gerasa, un hombre sin nombre propio, que es descrito como sumamente violento, por lo que debía permanecer encadenado: «Le sujetaban con cadenas y grillos para custodiarle, pero rompiendo las ligaduras era empujado por el demonio al desierto. Jesús le preguntó: "¿Cuál es tu nombre?". Él contestó: "Legión"; porque habían entrado en él muchos demonios» (Lucas 8,29-30). Curiosamente, en este personaje simbólico resuenan las mismas tentaciones que tuvo que soportar Jesús, quien también fue llevado al desierto para ser probado por el diablo. A diferencia de Jesús, el geraseno sí fue sometido por los demonios, es decir, por las tentaciones comunes a todo ser humano.

En su encuentro con este personaje, Jesús lo libera de su posesión y restablece su vida en paz con su propia comunidad, libre ya de sus instintos violentos y destructivos: «El hombre de quien habían salido los demonios, le pedía estar con él; pero le despidió, diciendo: "Vuelve a tu casa y cuenta todo lo que Dios ha hecho contigo". Y fue por toda la ciudad proclamando todo lo que Jesús había hecho con él» (Lucas 8,38-39).

¡Cuántas personas, hoy, están viviendo un proceso similar, en libertad o en reclusión, en el que se tienen que ir liberando progresivamente de la ira, del odio y del rencor para poder reinsertarse en la sociedad! Quien ha herido a su prójimo, de palabra o de hecho, y ha tenido que ser recluido para evitar otros males mayores, tarde o temprano, se encuentra con la realidad de la tentación a la que no supo negarse y con la necesidad de ser liberado de sus consecuencias, en especial, de la culpa. En los evangelios, escritos en un lenguaje a veces muy lejano al nuestro, a menudo se describe a las personas atrapadas por estos sentimientos destructivos como poseídas por demonios, como hemos visto en el caso del geraseno. Son demonios comunes, tanto en tiempos bíblicos como hoy en día: la ira, el odio y la violencia que deriva de ellos.

Como hemos visto, Jesús tuvo que enfrentar a ese mismo demonio entre sus discípulos. En una ocasión, cuenta Lucas que «envió mensajeros delante de sí, que fueron y entraron en un pueblo de samaritanos para prepararle posada; pero no le recibieron porque tenía intención de ir a Jerusalén. Al verlo, sus discípulos Santiago y Juan dijeron: "Señor, ¿quieres que digamos que baje fuego del cielo y los consuma?". Pero volviéndose, les reprendió; y se fueron a otro pueblo» (Lucas 9,52-56). La mecha de la ira prende rápido, y Jesús la tuvo que ir apagando una y otra vez en su propio entorno, como ocurrió también la noche de su arresto en Jerusalén: «En esto, uno de los que estaban con Jesús echó mano a su espada, la sacó e, hiriendo al siervo del Sumo Sacerdote, le llevó la oreja. Dícele entonces Jesús: "Vuelve tu espada a su sitio, porque todos los que empuñen espada, a espada perecerán"» (Mateo 26,51-52).

Frente a la ira, Jesús propone su enseñanza de la no-violencia, explicada con claridad en su sermón de la montaña: «Al que te hiera en una mejilla, preséntale también la otra; y al que te quite el manto, no le niegues la túnica. A todo el que te pida, da, y al que tome lo tuyo, no se lo reclames. Y lo que queráis que os hagan los hombres, hacédselo vosotros igualmente» (Lucas 6,29-31). Esa fue su respuesta, y su propia actitud, cuando él mismo se vio acechado por la ira: identificar ese sentimiento y negarle cualquier oportunidad para que de él pudiera nacer una acción violenta o vengativa.

- *¿Qué situaciones, personas o experiencias han causado y pueden volver a causar en mí sentimientos de enfado o de ira?*

- *¿Soy capaz de detener esos sentimientos para evitar lastimar a otras personas?*

- *Jesús venció la ira con la no-violencia. ¿Cuándo he optado realmente por la no-violencia en mi vida, aunque ello significara perder, en vez de ganar?*

2
Jesús y la soberbia

La soberbia, o la vanidad, en lenguaje moderno, es una enfermedad del ego, es decir, es propia de personas que tienen una necesidad patológica de verse reconocidas y de destacar frente a los demás. Su hijo predilecto es el narcisismo: la compulsión a contemplarse a uno mismo, antes que a cualquier otro, y de querer someter al prójimo a las propias necesidades. La tentación de la soberbia también es universal y está muy ligada a la necesidad de adulación, que puede aparecer en cualquier momento de la vida.

La vanidad, nos indica hoy la psicología, esconde tras de sí una inseguridad o una herida; es entonces una máscara con la que intentan protegerse las personas que tienen miedo a su propia vulnerabilidad, a menudo de forma inconsciente. Ávidos de reconocimiento, no desaprovechan una oportunidad para sentirse admirados y valorados. Además, hoy sabemos que quienes han sido festejados de forma exagerada durante su infancia, y han crecido sin límites ni reglas, presentarán una gran necesidad de ser constantemente aplaudidos en su vida adulta para poder sentirse seguros y especiales, y no serán capaces de ser uno más o de brindarle atención y empatía a otras personas.

Un ejemplo de esta tentación, sutil pero revelador, aparece en el siguiente pasaje de la vida de Jesús: «Uno de los principales le preguntó: "Maestro bueno, ¿qué he de hacer para tener en herencia vida eterna?". Le dijo Jesús: "¿Por qué me llamas bueno? Nadie es bueno sino sólo Dios"» (Lucas 18,18-19). Una y otra vez, a lo largo de los evangelios, Jesús rechaza ser adulado o tratado con especial deferencia, pues conoce bien los riesgos que entraña permitir que nos sintamos especiales o superiores frente a otros, motivo por el cual insistió a sus discípulos que tomaran como modelo a los niños, es decir, a aquellos que carecían de cualquier importancia a los ojos de la sociedad de su tiempo.

En varias ocasiones les señaló el peligro de querer exhibirse o destacar frente a los demás, que él observaba de forma muy notoria en los escribas y los fariseos: «Todas sus obras las hacen para ser vistos por los hombres; se hacen bien anchas las filacterias y bien largas las orlas del manto; quieren el primer puesto en los banquetes y los primeros asientos en las sinagogas, que se les salude en las plazas y que la gente les llame *"rabbí"*. Vosotros, en cambio, no os dejéis llamar *"rabbí"*, porque uno solo es vuestro Maestro; y vosotros sois todos hermanos» (Mateo 23,5-8). El demonio de la soberbia, por lo tanto, ya campaba a sus anchas en el mundo que conoció Jesús, como lo sigue haciendo hoy en día.

Consciente de su peligrosidad, Jesús ofreció varias enseñanzas para evitar caer en la tentación de la vanidad y prevenirse de su seducción, como la siguiente: «Cuando hagas limosna, no lo vayas trompeteando por delante como hacen los hipócritas en las sinagogas y por las calles, con el fin de ser honrados por los hombres; en verdad os digo que ya reciben su paga. Tú, en cambio, cuando hagas limosna, que no sepa tu mano izquierda lo que hace tu derecha; así tu limosna quedará en secreto; y tu Padre, que ve en lo secreto, te recompensará» (Mateo 6,2-4). De la misma forma, a los enfermos que sanaba, en repetidas ocasiones los conminaba a no decirle nada a nadie, para evitar en lo posible que se extendiera su fama (cf Mateo 8,4).

Otra cara de la soberbia es la ambición y la arrogancia, en especial en contextos sociales en los que se busque el reconocimiento de los demás. De nuevo, una enseñanza pertinente de Jesús al respecto: «Cuando seas convidado, ve a sentarte en el último puesto, de manera que, cuando venga el que te convidó, te diga: "Amigo, sube más arriba". Y esto será un honor para ti delante de todos los que estén contigo a la mesa. Porque todo el que se ensalce, será humillado; y el que se humille, será ensalzado» (Lucas 14,10-11). La tentación de la vanidad es muy variada, como la de querer presumir de los logros, los conocimientos, o las habilidades propias o de los miembros de la propia familia, y no cesa a lo largo de la vida. Es legítimo querer sentirse orgulloso por haber alcanzado, muchas veces con esfuerzo, una meta propuesta, pero siempre va a implicar el riesgo de sentirnos especiales o afortunados.

Para Jesús, la mejor manera de prevenirnos frente a la soberbia es entender que todo es don, en vez de mérito. Para ello es indispensable practicar la virtud de la gratitud, es decir, reconocer los dones recibidos. Y vivir en humildad. Quien se sabe en manos de Dios no teme, ni experimenta, la ansiedad de ser visto o reconocido. Al contrario, será capaz de agradecer en todo momento lo que ha recibido por parte de los demás: a sus padres y a su familia, la vida; a sus educadores, la formación; al personal sanitario, la salud, etc. Los soberbios viven en la mentira de haberse creado a sí mismos; los humildes se saben agradecidos con todos aquellos que han sumado y han hecho posible el camino de sus vidas.

Como hemos visto, la vanidad y la soberbia siguen al acecho de cada persona durante toda su vida. También Jesús fue tentado con el éxito y la adulación hasta el final de sus días. Quizás la mayor tentación a la que tuvo que enfrentarse fue la de ser proclamado Mesías por el pueblo judío, deseoso de encumbrar a un caudillo que los sacara de su penosa condición de pueblo invadido y sometido por el poder romano, un papel opuesto a cómo el mismo Jesús entendía su vocación mesiánica. A sus seguidores, cuando quisieron proclamarlo como tal, les dijo con claridad: «Entonces mandó a sus discípulos que no dijesen a nadie que él era el Mesías» (Mateo 16,20), pues era consciente del peligro que suponía permitir que crecieran esas expectativas acerca de su persona. El evangelista Juan lo refleja con mayor claridad después del episodio de la multiplicación de los panes y los peces, cuando relata que, «dándose cuenta Jesús de que intentaban venir a tomarle por la fuerza para hacerle rey, huyó de nuevo al monte él solo» (Juan 6,15).

Su última tentación mesiánica se produjo durante su entrada en Jerusalén, montado en un burro, cuando «los que iban delante y los que le seguían, gritaban: "¡Hosanna! ¡Bendito el que viene en nombre del Señor! ¡Bendito el Reino que viene, de nuestro padre David! ¡Hosanna en las alturas!"» (Marcos 11,9-10). Solamente con la humildad pudo vencer la tentación permanente de la vanidad, pues, como bien indicó, «el que quiera ser el primero entre vosotros, será esclavo de todos, que tampoco el Hijo del hombre ha venido a ser servido, sino a servir y a dar su vida como rescate por muchos» (Marcos 10,44-45).

- *¿En qué situaciones de mi vida he sentido el susurro de la vanidad, de que yo había logrado algo que era solamente mérito mío?*

- *¿Cómo puedo acallar esa voz interior que quiere satisfacerme al halagarme?*

- *Jesús venció la soberbia con la humildad. ¿Cuándo he sido capaz de abajarme y renunciar a un logro o reconocimiento para evitar ser visto?*

3
Jesús y la gula

Con frecuencia se entiende la gula como simple glotonería, o como el gusto excesivo por algún sabor particular, pero implica mucho más, pues se trata de un apetito desordenado y desmedido por algún tipo de alimento, bebida u otra sustancia, relacionado con el placer que ocasionan al pasar por la boca. Su origen puede ser discutido, pero la satisfacción oral –nos indica hoy la psicología– es la fuente primaria y primera de placer de un recién nacido, que busca calmar su ansiedad mediante la succión y explorando objetos con la boca; a medida que crece, irá desarrollando otras formas de satisfacción más maduras y elaboradas. La fijación oral –afirma por lo tanto la psicología– es un desorden que se remonta a una etapa muy remota de nuestra vida y de la cual no tenemos memoria.

Desde el punto de vista de la tentación, entendemos por gula la falta de control sobre esa pulsión de consumir alimentos y bebidas de forma compulsiva. Todas las personas adultas buscamos encontrar fuentes de satisfacción en nuestra vida cotidiana, sea en las relaciones personales, en tareas creativas o profesionales, en el deporte o en el ocio, y la satisfacción oral forma parte de ellas, como demuestra el gusto universal por la gastronomía. La gula, por otro lado, es un placer desordenado que no considera la salud propia ni al prójimo y que, de hecho, frustra su propia intención, pues no logra alcanzar esa satisfacción que pretende. Las personas atrapadas por la gula con frecuencia comparten su deseo de poder liberarse de su comportamiento, ante el cual se sienten culpables e indefensas.

Jesús no fue un hombre que se negara a los placeres de la amistad, de la fiesta o del buen comer. Los evangelios no solamente relatan que con frecuencia comiera en casa de sus amistades o que participara de alguna fiesta, sino que recogen sus propias palabras al respecto, cuando reconoce que se le acusaba de entregarse en exceso a los placeres de la gula: «Vino el Hijo del hombre, que come y bebe, y dicen: "Ahí tenéis un comilón y un borracho, amigo de publicanos y pecadores"» (Mateo 11,19). Lo opuesto a la gula, en todo caso, no es una vida sin alegrías ni satisfacciones, de mortificación y de ayunos, sino una vida que se disfruta en el compartir con otros.

Así, Jesús también tuvo que dar respuesta a esta tentación universal en su vida, a la que hace referencia en varias de sus enseñanzas. En sus parábolas, con frecuencia menciona a los ricos y sus apetitos desmedidos, que celebran banquetes mientras otros malviven miserablemente, como el caso del pobre Lázaro: «Era un hombre rico que vestía de púrpura y lino, y celebraba todos los días espléndidas fiestas. Y uno pobre, llamado Lázaro, que, echado junto a su portal, cubierto de llagas, deseaba hartarse de lo que caía de la mesa del rico...» (Lucas 16,19-21). Para Jesús, la clave del autocontrol o de la templanza reside pues en poner la mirada en el prójimo, antes que en uno mismo, y considerar si están cubiertas las necesidades de otros antes que centrarme en las mías propias.

En la oración que enseñó a sus discípulos, el Padrenuestro, pide que recemos por el «pan *nuestro* de cada día», en plural, como forma de evitar la tentación de la autosatisfacción característica de la gula. Como ejemplo, él mismo vivió una vida señalada por la austeridad, lejos de la ansiedad de querer procurarse gustos para sí mismo, aunque no los rechazara cuando se los ofrecían, y los supiera valorar, como revela en esta frase suya: «Nadie, después de beber el vino añejo, quiere del nuevo porque dice: "El añejo es el bueno"» (Lucas 5,39). Y a sus discípulos les aconsejaba: «Así pues, vosotros no andéis buscando qué comer ni qué beber, y no estéis inquietos» (Lucas 12,29), indicando que el apetito desmedido por los alimentos esconde tras de sí un trastorno de ansiedad.

Hoy en día, el tabaco, la comida chatarra y las bebidas edulcoradas se han sumado a los alimentos que se consumen como fuentes de placer oral. La gula va revistiendo nuevas formas, pero la tentación sigue siendo la misma: pretender calmar la ansiedad vital mediante la satisfacción personal. Frente a esa ansiedad que producen muchas situaciones cotidianas, y que se reflejan en tanto sufrimiento humano a nuestro alrededor, el Evangelio invita a descubrir que es el prójimo y la atención a sus necesidades lo que acaba sanando las heridas propias que todos padecemos. Tanto entonces como hoy, la propuesta de Jesús sigue siendo que «hay mayor felicidad en dar que en recibir» (Hechos 20,35).

Frente a la tentación de la gula, solidaridad y sobriedad. En la conocida parábola del juicio final, Jesús invita a una mirada siempre atenta al prójimo: «"Señor, ¿cuándo te vimos hambriento, y te dimos de comer; o sediento, y te dimos de beber? ¿Cuándo te vimos forastero, y te acogimos; o desnudo, y te vestimos? ¿Cuándo te vimos enfermo o en la cárcel, y fuimos a verte?". Y el Rey les dirá: "En verdad os digo que cuanto hicisteis a unos de estos hermanos míos más pequeños, a mí me lo hicisteis"» (Mateo 25,37-40). El examen de conciencia de un discípulo de Jesús no puede dirigirse, por lo tanto, solo hacia uno mismo, sino que debe sobre todo contemplar la relación que haya sido capaz de establecer con los demás. Es esa misma relación la que irá definiendo de forma natural los límites al consumo, al placer personal y a los excesos en el disfrute de tantas tentaciones que nos rodean.

Quien aprenda a asumir esos límites por propia convicción también irá descubriendo una senda de mayor satisfacción y alegría. La simple represión de un impulso, lo sabemos bien, no logra corregirlo, ni tampoco engendra virtudes, sino que únicamente añade el sentimiento de culpa a la acción no deseada. El camino del Evangelio es el camino de la donación, que es la forma más eficaz de combatir toda tentación. Quien se va liberando del afán de consumir y de obtener placeres para sí mismo va conquistando una mayor libertad y dominio sobre su persona, que logra renunciar a sus deseos del momento pues sabe que posteriormente será colmada de mayores bienes.

Con razón promete Jesús una recompensa abundante para aquellos que vayan logrando desprenderse de los instintos de la autosatisfacción en su vida, que no generan paz ni alegría, y se abren a una vida de entrega y de donación, gastada en el servicio al prójimo: «Porque quien quiera salvar su vida, la perderá; pero quien pierda su vida por mí, ese la salvará. Pues, ¿de qué le sirve al hombre haber ganado el mundo entero, si él mismo se pierde o se arruina?» (Lucas 9,24-25).

- *¿De qué manera busco o encuentro mi propia satisfacción en la vida diaria, aun en formas justificadas, pero sin incluir a otros en mis acciones?*

- *¿En alguna ocasión he sentido la alegría que se genera cuando me desprendo de mi tiempo o de mis dones?*

- *Jesús venció la gula con la donación de sí mismo para los demás. ¿Cuándo he sido capaz de olvidarme de mis necesidades y anteponer a otros en mi vida?*

4
Jesús y la lujuria

La lujuria es una pulsión que, como varias de las tentaciones capitales, está relacionada con una mirada puesta en lo ajeno. Se refiere al deseo de querer apropiarse de algo que no te pertenece para pretender satisfacer un anhelo descontrolado. Es la tentación del lujo, de la exuberancia, así como el deseo desmedido del placer sexual, un afán impropio de poseer algo o a alguien. La lujuria, en definitiva, busca tan solo la gratificación personal en unas relaciones desprovistas de compromiso y de un proyecto en común.

Su origen puede estar relacionado con una falta de maduración afectiva, que, como casi todos los trastornos originados en la infancia, estaría causada o bien por una falta de afecto, o bien por un exceso de satisfacciones. En ambos casos, la persona adulta adolecerá de una profunda insatisfacción y también de fantasías irreales en su relación con el entorno y con los demás, así como de una falta de autocontrol y de baja tolerancia a la frustración. Es difícil definir las características de una afectividad madura, pero sin duda incluyen la capacidad de autorregulación de la persona, sabiendo establecer límites a sus deseos y pulsiones, así como crear y mantener sanas relaciones de amistad.

Jesús hizo mención en varias ocasiones al riesgo que entraña la lujuria, la cual describe de forma casi poética en la siguiente enseñanza que forma parte de su conocido sermón de la montaña: «La lámpara del cuerpo es el ojo. Si tu ojo está sano, todo tu cuerpo estará luminoso; pero si tu ojo está malo, todo tu cuerpo estará a oscuras. Y, si la luz que hay en ti es oscuridad, ¡qué oscuridad habrá!» (Mateo 6,22-23). Consciente de que la lujuria es sobre todo una tentación del deseo, incluso más que un pecado de acción, la condenó con esta conocida hipérbole, al estilo de los predicadores orientales de su época: «Habéis oído que se dijo: "No cometerás adulterio". Pues yo os digo: Todo el que mira a una mujer deseándola, ya cometió adulterio con ella en su corazón. Si, pues, tu ojo derecho te es ocasión de pecado, sácatelo y arrójalo de ti; más te conviene que se pierda uno de tus miembros, que no que todo tu cuerpo sea arrojado a la gehenna» (Mateo 5,27-29).

La lujuria, por lo tanto, es la tentación de querer poseer y dominar a otro, reduciéndolo a un objeto. No equivale a la sensualidad, al afecto ni a la ternura, que son sentimientos naturales y saludables en la relación entre personas y que deberían de ser fomentados precisamente para promover una sana reciprocidad, pues frente a la mirada lujuriosa y lasciva, Jesús propone como alternativa la mirada del amor. Siguiendo su metáfora: así como el ojo puede oscurecer al cuerpo, ese mismo ojo es el que es capaz de iluminarlo; todo depende de la mirada que la persona quiera asumir como propia.

Quien mira al prójimo con amor, quien lo reconoce como persona, estará buscando su bien antes que el propio, y así estará superando la tentación universal de la lujuria y de la apropiación indebida de otros en una búsqueda estéril del placer personal.

El mandamiento del amor, con el que Jesús resume toda la ley (cf Mateo 22,36-39), es el único camino válido para poder superar la lujuria que acecha en el corazón de toda persona. El amor purifica las intenciones y dignifica las relaciones humanas, pues como enseña el mismo Jesús, obliga a pensar en el bien ajeno, antes que en el propio, y a abandonar la pretensión de querer alcanzar el placer de la autosatisfacción. Cuestionando sus intenciones más íntimas, pregunta Jesús a sus seguidores: «Si amáis a los que os aman, ¿qué mérito tenéis?», proponiendo en cambio como modelo del amor a su propio Padre, quien «es bueno con los ingratos y los perversos» (Lucas 6,32.35).

Frente a la tentación de la lujuria, Jesús nos invita a revisar las intenciones del corazón con las que buscamos vincularnos con los demás, para que sean reguladas por el amor, la ternura y el compromiso. «Bienaventurados los limpios de corazón, porque ellos verán a Dios» (Mateo 5,8), les dice Jesús a sus seguidores, prometiéndoles esa gratificación máxima de llegar a contemplar al Dios que es Amor, pues el amor maduro es mucho más gratificante que el placer efímero de la lujuria. Una persona que busca agradar al prójimo antes que a sí misma cosecha el placer tranquilo de la amistad, de la ternura y de la felicidad ajena, incluyendo el disfrute de la sexualidad como un lenguaje de donación que huye de la autosatisfacción y que quiere permanecer en el vínculo con el otro.

El amor maduro, por otro lado, no pretende agotar el placer o la felicidad, pues implica el respeto a otro ser humano, que a su vez experimenta sus propias búsquedas y necesidades. Es un amor que está en paz con sus limitaciones y, a diferencia de la lujuria, no busca ser colmado, sino que sabe equilibrar la donación con el placer, la soledad con la compañía, la contención con el éxtasis. Amar es saber que el vacío interior de cada persona solamente se puede ir llenando desde una espiritualidad de autodonación gratuita, en la que sé que el otro no me va a ofrecer todo lo que a mí me falta, sino que juntos vamos a caminar en busca del Amor que todo lo alcanza.

Para Jesús, el amor es sobre todo un vínculo con el que se establece una cadena de comunión interpersonal, que describe con detalle en el evangelio de Juan: «Como el Padre me amó, yo también os he amado a vosotros; permaneced en mi amor. Si guardáis mis mandamientos, permaneceréis en mi amor, como yo he guardado los mandamientos de mi Padre, y permanezco en su amor» (Juan 15,9-10). Perseverar o permanecer en el amor implica, sin lugar a duda, saber caminar en distintas circunstancias, sin la desesperación de la lujuria, que no sabe de esperas, de paciencia o de ternura. Los mandamientos que Jesús pide guardar no son otra cosa que precisamente las características del amor que san Pablo enumera en su conocido himno: «La caridad es paciente, es servicial; la caridad no es envidiosa, no es jactanciosa, no se engríe; es decorosa; no busca su interés; no se irrita; no toma en cuenta el mal; no se alegra de la injusticia; se alegra con la verdad. Todo lo excusa. Todo lo cree. Todo lo espera. Todo lo soporta» (1 Corintios 13,4-7).

La tentación de la lujuria es ampliamente superada por aquellos que se arriesgan a amar sin querer poseer, a ejemplo de Jesús, quien vino a mostrar el camino de la donación libre y gratuita: «Este es el mandamiento mío: que os améis los unos a los otros como yo os he amado. Nadie tiene mayor amor que el que da su vida por sus amigos» (Juan 15,12-13).

- *¿En qué momentos de mi vida me reconozco dominado y centrado en la búsqueda de mi propio placer, al querer poseer a mi prójimo?*

- *¿Cómo puedo transformar mi necesidad de amor y reconocimiento en un motor de entrega y de donación?*

- *Jesús venció la lujuria con el amor. ¿He experimentado realmente el placer de la ternura, de la espera y de la gratuidad dentro de mis relaciones personales?*

5
Jesús y la avaricia

La avaricia es una de las tentaciones capitales más obvias y mencionadas por Jesús en los evangelios, pues su prevalencia ya era muy notoria en su tiempo, como no lo es menos hoy en día. Se refiere al afán desmedido por querer obtener y acumular bienes materiales más allá de los que son necesarios para una vida digna, sin respeto ni consideración a las necesidades ajenas. Sus consecuencias visibles, como la corrupción, el robo o la estafa, también siguen azotando al mundo de hoy, igual o más que en la Antigüedad, de manera que podemos afirmar que se trata de uno de los pecados capitales que más daño social genera, incluyendo la sobreexplotación de los recursos naturales y la emergencia climática que padecemos en la actualidad.

En psicología, se ha relacionado la avaricia con algunos trastornos obsesivo-compulsivos que motivan a una persona a querer acumular objetos, pero en la mayoría de los casos no podemos afirmar que en las personas avariciosas existan tales trastornos que, por otro lado, eximen hasta cierto punto de responsabilidad a aquellos que los sufren. Otras hipótesis se remiten a la búsqueda de una satisfacción infantil frustrada, como la teoría del desarrollo psicosexual propia del psicoanálisis, que sitúa en la primera infancia el origen remoto del llamado «carácter anal» como característico de personas retenedoras y acumuladoras, que además presentan una fuerte tendencia al perfeccionismo y a la rigidez.

Como todas las teorías acerca del comportamiento humano, estas pueden ayudar a comprender sus causas y su origen, pero no lo justifican como algo inevitable en la edad adulta, en la que toda persona es capaz de moldear su personalidad a partir de las opciones que libremente vaya asumiendo, en especial si tiene el valor de querer reconocer su modo de conducirse consigo misma y con los demás. Jesús nunca se entretuvo en querer analizar el pasado de las personas que fue liberando de distintas ataduras; antes bien, su mirada siempre estuvo puesta en el presente y en el futuro de estas, a las que llamaba al cambio y a la conversión, como relata con claridad en su encuentro con un cobrador de impuestos, que representaba el extremo al que podía llegar la avaricia en su tiempo. El hombre, descubriendo su nueva dignidad tras recibir a Jesús en su casa –simbólicamente se le describe como de «baja estatura», es decir, como una persona disminuida a pesar de su abundante riqueza–, se libera de su comportamiento anterior: «Zaqueo, puesto en pie, dijo al Señor: "Daré, Señor, la mitad de mis bienes a los pobres; y si en algo defraudé a alguien, le devolveré el cuádruplo"» (Lucas 19,8).

Aun así, en los evangelios, Jesús previene a sus discípulos repetidas veces frente al comportamiento de los avariciosos, pues conoce demasiado bien el peligro que entraña la tentación del dinero, como por ejemplo en esta cita: «No os amontonéis tesoros en la tierra, donde hay polilla y herrumbre que corroen, y ladrones que socavan y roban. Amontonaos más bien tesoros en el cielo, donde no hay polilla ni herrumbre que corroan, ni ladrones que socaven y roben. Porque donde esté tu tesoro, allí estará también tu corazón» (Mateo 6,19-21). O bien en esta otra enseñanza: «Y les dijo: "Mirad y guardaos de toda codicia, porque, aun en la abundancia, la vida de uno no está asegurada por sus bienes"» (Lucas 12,15). Sin menospreciar el uso de los bienes materiales, que Jesús también consideraba necesarios para poder procurarse el sustento, él siempre receló de la tentación de la avaricia o de la codicia, que como todas las tentaciones capitales se activan a partir de un deseo, tanto si se llega a concretar mediante una apropiación indebida, como si solamente permanece en la persona como un anhelo frustrado.

Es por eso por lo que recomendaba el siguiente remedio frente a esta tentación tan extendida y arraigada en todos los tiempos y culturas: «Al que quiera pleitear contigo para quitarte la túnica déjale también el manto; y al que te obligue a andar una milla vete con él dos. A quien te pida da, y al que desee que le prestes algo no le vuelvas la espalda» (Mateo 5,40-42). Lo contrario de la avaricia, bien se ha dicho, es la generosidad y el desprendimiento, pues solamente de esta forma la persona descubre que la acumulación de bienes no genera la satisfacción que pretendía alcanzar, como hemos visto también en el caso de la gula. El dinero y las riquezas tan solo se justifican si pueden ser empleados para hacer el bien, como indica Jesús: «Yo os digo: Haceos amigos con el dinero injusto, para que, cuando llegue a faltar, os reciban en las eternas moradas» (Lucas 16,9). Sin embargo, sus enseñanzas respecto al desapego de los bienes materiales, hoy, como en su tiempo, suelen generar la misma reacción entre aquellos que apuestan por la codicia: «Estaban oyendo todas estas cosas los fariseos, que eran amigos del dinero, y se burlaban de él» (Lucas 16,14).

La avaricia no siempre es evidente, y a veces se disfraza de virtud por parte de personas de bien, que mantienen una vida previsora y ordenada atendiendo a los suyos, sin aparentes derroches ni excesos, pero en la cual no hay lugar para los desfavorecidos más que con alguna limosna irrelevante y ocasional. Jesús tuvo un encuentro con una persona de ese tipo –lo recogen los evangelios–, quien le aseguraba que en su vida cumplía con todos los mandamientos divinos. En vez de alabarlo, «Jesús, fijando en él su mirada, le amó y le dijo: "Una cosa te falta: anda, cuanto tienes véndelo y dáselo a los pobres y tendrás un tesoro en el cielo; luego, ven y sígueme". Pero él, abatido por estas palabras, se marchó entristecido, porque tenía muchos bienes. Jesús, mirando a su alrededor, dice a sus discípulos: "¡Qué difícil es que los que tienen riquezas entren en el reino de Dios!"» (Marcos 10,21-23). Lo miró, lo amó... y le dijo lo que en verdad necesitaba escuchar.

El afán por el dinero y las riquezas es una amenaza constante para la vida cristiana, sea en el caso de una avaricia descarada o de una pretendida moderación para querer asegurarse el futuro con responsabilidad. La tentación de la codicia, como las demás tentaciones capitales, no deja de estar presente a lo largo de la vida, y únicamente puede ser moderada mediante la práctica intencional y clara de acciones generosas con aquellos, que abundan a nuestro alrededor, que carecen de lo necesario para llevar una vida digna. No hay lugar para las iniciativas timoratas entre los seguidores de Jesús a la hora de hacer un uso generoso de los medios humanos y materiales disponibles para que puedan satisfacer las necesidades de toda la familia humana y así liberarse del peligro de la avaricia y de sus nefastas consecuencias pues, como aprendió Jesús, «el ojo del avaro no se satisface con su suerte, la avaricia seca el alma» (Sirácida 14,9).

- *¿Recuerdo haberme impuesto límites en mi capacidad de donación alguna vez, justifi-*

cándome por la necesidad de atender primero mis necesidades y obligaciones?

- *¿Alguna vez me he desprendido de algo que consideraba necesario, para descubrir que lo era más para otra persona?*

- *Jesús venció la avaricia con la generosidad. ¿Soy capaz de practicar la austeridad al incluir a otros en mi uso habitual de los bienes de que dispongo y necesito?*

6
Jesús y la pereza

La pereza no es una tentación menor, puesto que está incluida dentro de los siete pecados capitales. No estamos hablando, por lo tanto, del habitual cansancio que nos acompaña a lo largo de nuestras jornadas, ni de pretender señalar el ocio o el necesario descanso como actividades moralmente reprobables. El pecado de la pereza se entiende más bien como la desatención o procrastinación frente a aquellas tareas que, por responsabilidad, deberíamos estar realizando para el bien común. La vida adulta, lo sabemos bien, se define a través de los compromisos que una persona va asumiendo libremente como propios, de los cuales no nos podemos desdecir sin más, pues estaríamos afectando negativamente a otros.

La pereza, podemos afirmar entonces, no es una simple debilidad o dejadez, sino una postura consciente de abandono o de renuncia a querer asumir un compromiso frente a la vida. Desde un punto de vista psicológico, puede ser una máscara que adopta una persona para esconder un miedo inconsciente a querer enfrentar una tarea o un rol, incluyendo el temor al fracaso o la baja autoestima. También puede llegar a encubrir ciertos trastornos del ánimo, en especial un trastorno depresivo, aunque como hemos visto en capítulos anteriores estos casos patológicos no representan ni justifican ni de lejos la totalidad de situaciones en las que una persona se desentiende de sus obligaciones, asumiendo una actitud perezosa frente a la vida.

Jesús mencionó con claridad el pecado de la pereza en su conocida parábola de los talentos: aquel que decide enterrar los suyos, en vez de ponerlos a trabajar, es amonestado severamente por quien se los confió: «Llegándose también el que había recibido un talento dijo: "Señor, sé que eres un hombre duro, que cosechas donde no sembraste y recoges donde no esparciste. Por eso me dio miedo, y fui y escondí en tierra tu talento. Mira, aquí tienes lo que es tuyo". Mas su señor le respondió: "Siervo malo y perezoso, sabías que yo cosecho donde no sembré y recojo donde no esparcí"» (Mateo 25,24-26). No hay justificación aceptable frente a la indiferencia de quien tuvo una oportunidad para hacer crecer el bien encomendado y simplemente la dejó pasar por alto.

La pereza es una forma de tibieza frente a la vida por parte de quienes hemos sido favorecidos con dones y talentos, y pretendemos «esconderlos» en vez de multiplicarlos. La vida humana tiene un término, y las oportunidades no se repiten indefinidamente para poder aprovecharlas; lo saben bien aquellos que se enfrentan a un duelo por una pérdida, o bien por haber sido diagnosticados con alguna enfermedad irreversible, entre otros. La pereza, por lo tanto, encierra dentro de sí misma una cierta soberbia, actuando nosotros como si fuéramos a tener tiempo disponible eternamente para hacer lo debido. El tiempo, sin embargo, le pertenece a Dios, como indica sabiamente Jesús: «¿Quién de vosotros puede, por más que se preocupe, añadir un solo codo a la medida de su vida?» (Mateo 6,27), y, puesto que es limitado, debe de ser aprovechado adecuadamente.

La pereza, entonces, entraña el pecado de omisión, el más invisible de todos los pecados y, a su vez, uno de los más nocivos. Pocas personas tienen el valor de reconocer sus omisiones, sus ausencias y sus silencios en su relación con el prójimo. Varios de los consejos de Jesús a sus discípulos se enfocan precisamente en no dejar pasar estas áreas de oportunidad en las que todos necesitamos crecer, pues la vida del discípulo tiene que ser una vida atenta y comprometida, de quienes saben que el tiempo no les pertenece, siguiendo las indicaciones del mismo Jesús: «Estad atentos y vigilad, porque ignoráis cuándo será el momento» (Marcos 13,33). La virtud contraria a la pereza, como bien sabemos, es la laboriosidad, es decir, el empeño diario en aquello que merece toda nuestra atención y compromiso, evitando en todo momento el despilfarro del tiempo y de los recursos disponibles.

Otra forma de pereza, quizás menos visible, es la de ocuparse en cosas periféricas obviando las necesarias. Hay quien siempre está sumamente ocupado en asuntos banales, o bien en aquellos que solamente se refieren a sí mismo. La persona que elude sus responsabilidades con los demás, llenando su tiempo con actividades que no dan fruto, como pueden ser hoy en día los juegos electrónicos, las series televisivas o un seguimiento desmesurado de eventos deportivos, es una persona que derrocha estérilmente los dones que ha recibido, huyendo de las responsabilidades de quienes reclaman su compromiso. Denunciando esta actitud pasiva y descomprometida de aquellos que no se definen frente a los retos de la vida advierte Jesús: «Como sucedió en los días de Noé, así será también en los días del Hijo del hombre. Comían, bebían, tomaban mujer o marido, hasta el día en que entró Noé en el arca; vino el diluvio y los hizo perecer a todos» (Lucas 17,26-27). La indiferencia frente a la vida, las personas que nos rodean y el mundo en el que estamos insertados, sin duda, es una forma de pereza y no debe de ser disfrazada de falta de sensibilidad.

Una última forma de pereza es la del «sí, pero». Abundan entre nosotros los pretextos para no querer comprometerse con los demás y así eludir responsabilidades; las razones muchas veces se muestran congruentes, pero finalmente no se puede negar que sin la osadía y el arrojo de los valientes difícilmente se logra el cambio necesario para ir estableciendo una convivencia más humanizada y a la medida de la voluntad de Dios. Jesús describió con claridad esta actitud en la siguiente enseñanza: «También otro le dijo: "Te seguiré, Señor; pero déjame antes despedirme de los de mi casa". Le dijo Jesús: "Nadie que pone la mano en el arado y mira hacia atrás es apto para el reino de Dios"» (Lucas 9,61-62).

En los relatos evangélicos Jesús liberó a multitud de personas de las ataduras que los mantenían disminuidos frente a la vida, descritas en el lenguaje de la época como espíritus o «demonios», incluyendo la posesión de la pereza: «Al atardecer, le trajeron muchos endemoniados; él expulsó a los espíritus con una palabra, y curó a todos los enfermos, para que se cumpliera el oráculo del profeta Isaías: "Él tomó nuestras flaquezas y cargó con nuestras enfermedades"» (Mateo 8,16-17). Es este intercambio misericordioso el que libera al ser humano y lo restablece a la plenitud de sus capacidades.

- *¿En qué ocasiones me he inhibido o he desatendido un compromiso que sabía que era mío, aun bajo apariencia de que tenía algo más apremiante que hacer?*

- *¿Qué necesito cambiar o dejar para llevar una vida en la que aproveche todas las oportunidades que se me presentan para hacer el bien?*

- *Jesús venció la pereza con el compromiso con el prójimo. ¿Soy capaz, como él pide, de mantenerme atento y vigilante para responder a los retos que se presentan en mi vida?*

7

Jesús y la envidia

Esta última tentación capital, la envidia, está sin duda en el origen de multitud de males sociales y familiares, así como de innumerables situaciones de sufrimiento por su enorme capacidad de destrucción. Se trata de la desdicha que experimenta una persona frente a las cualidades o bienes de otra, y que quisiera para sí; es, por lo tanto, un sentimiento de desolación que con frecuencia desemboca en acciones violentas o corrosivas en la relación entre ambos. Podemos afirmar que la envidia tiene una relación estrecha con la codicia, la gula y la lujuria, puesto que es también un «mal del ojo», pero no busca tanto acumular bienes ajenos, sino obtener cualidades del otro y, puesto que su cometido es habitualmente imposible de lograr, se torna con facilidad en un afán destructivo hacia aquello que no puede alcanzar.

La envidia manifiesta, por lo tanto, una rivalidad muchas veces no declarada que esconde un sentimiento de inferioridad por parte de quien la experimenta, el cual no es capaz de enfrentar de una forma sana su relación con el otro. Las heridas de la infancia, lo hemos repetido en este ensayo, están en el origen de muchos comportamientos adultos disfuncionales y nocivos, y generalmente se resumen en heridas de rechazo, abandono, humillación, traición o injusticia. Cualquiera de ellas puede condicionar a la persona para que en la vida adulta se conduzca desde una insatisfacción disfrazada de ambición de poder, avaricia, soberbia o de la propia envidia. Conocer estas heridas y aceptarlas es un paso ineludible para poder avanzar hacia su sanación, pues no tienen por qué determinar o limitar indefinidamente una vida que busca ser plena.

De hecho, para Jesús, el pasado y las heridas que haya podido dejar en las personas no son una condena ni una secuela irreversible en sus vidas, como muestra en las numerosas ocasiones en las que liberó a quienes se lo pedían de las ataduras que arrastraban. En el lenguaje de su época y cultura, las sanaciones de diversas enfermedades que llevó a cabo implicaban una sanación interior y el restablecimiento de la integridad de la persona, cuya herida interior se manifestaba en forma de una enfermedad física y visible, como por ejemplo la mujer hemorroísa, el paralítico o los ciegos y sordos que Jesús sanó de los males que los aquejaban. Su cometido fue claro: «Yo he venido para que tengáis vida y la tengáis en abundancia» (Juan 10,10), dijo a sus discípulos, declarando su convicción de que no hay obstáculo para alcanzar una vida plena que no pueda ser superado y sanado.

Jesús sufrió el poder destructivo de la envidia en su propia persona, pues de todos los pecados capitales este fue el que finalmente lo llevó a su muerte, como indican con claridad los evangelios al describir el juicio al que fue sometido: «Pilato les contestó: "¿Queréis que os suelte al Rey de los judíos?". (Pues se daba cuenta de que los sumos sacerdotes le habían entregado por envidia)» (Marcos 15,9-10). A su vez fue plenamente consciente de que la envidia que suscitaba su predicación entre los fariseos, escribas y sumos sacerdotes era un mal que del que solo ellos adolecían y el cual él no podía evitar, pues una vida entregada al bien desnuda el alma ajena y deja en evidencia a aquellos que la contemplan. Bien había profetizado Simeón a María acerca de su hijo Jesús: «Este está puesto para caída y elevación de muchos en Israel, y para ser señal de contradicción –¡y a ti misma una espada te atravesará el alma!– a fin de que queden al descubierto las intenciones de muchos corazones» (Lucas 2,34-35). Así con Jesús, y así con innumerables testigos de la verdad a lo largo de la historia, pues frente al bien se movilizan y se manifiestan las fuerzas del mal.

Regresando a las palabras del mismo Jesús: «El hombre bueno, del buen tesoro del corazón saca lo bueno, y el malo, del malo saca lo malo. Porque de lo que rebosa el corazón habla su boca» (Lucas 6,45). Para resistir los embistes de la envidia es importante recordar esta enseñanza, pues cada persona únicamente manifiesta lo que alberga en su corazón, de manera que intentar lograr un cambio en el otro habitualmente resulta un ejercicio estéril. Frente a la envidia, solamente se puede responder con caridad y así hacer visibles sus intenciones, a ejemplo de Jesús, quien trató a sus oponentes sin acritud, como vemos especialmente al final de su vida frente a sus acusadores y sus verdugos. Quedó para la historia su famosa frase desde la cruz: «Padre, perdónales, porque no saben lo que hacen» (Lucas 23,34).

En el imaginario popular, y en muchas culturas y religiones, las personas intentan protegerse frente a la envidia con todo tipo de amuletos y rituales. Existen múltiples creencias y costumbres acerca del «mal de ojo», un miedo universal a que alguien logre arrebatarme mi felicidad y bienestar a distancia y a escondidas, y que no es otra cosa que la imaginación fantasiosa de la envidia y de sus efectos nocivos. Desde que nacen y a lo largo de toda su vida, muchas personas buscan guardarse del poder destructivo de la envidia con expresiones tanto religiosas como paganas, en un intento de evitar los efectos de su poder maligno, como si se tratara de un espíritu capaz de seleccionar y de lastimar a aquellas víctimas desprevenidas que pueda encontrar en su camino.

Jesús refutó con claridad la idea de que las maldades sean independientes de las personas y de que el mal actúe en forma de un poder autónomo cuando denunció: «Porque de dentro, del corazón de los hombres, salen las intenciones malas: fornicaciones, robos, asesinatos, adulterios, avaricias, maldades, fraude, libertinaje, envidia, injuria, insolencia, insensatez» (Marcos 7,21-22). Como hemos mencionado, las escenas en los evangelios en las que Jesús liberó a personas de los espíritus inmundos que los poseían demuestran su convicción de que todo ser humano es capaz de sacudirse la tentación del pecado para vivir una vida de bondad y de gratitud, como vemos en el primer milagro que realizó en el evangelio de Marcos: «Había precisamente en su sinagoga un hombre poseído por un espíritu inmundo, que se puso a gritar: "¿Qué tenemos nosotros contigo, Jesús de Nazaret? ¿Has venido a destruirnos? Sé quién eres tú: el Santo de Dios". Jesús, entonces, le conminó diciendo: "Cállate y sal de él". Y agitándole violentamente, el espíritu inmundo dio un fuerte grito y salió de él» (Marcos 1,23-26). La envidia y los demás espíritus inmundos o pecados capitales pueden llegar a habitar en el corazón humano; sin embargo, de la mano de Jesús, pueden ser vencidos, pues en la vida cristiana ninguna tentación es definitiva ni tiene por qué hacer descarrilar el sueño de Dios para sus hijos e hijas.

- *¿Soy capaz de identificar las ocasiones en las que he deseado alguna cualidad de otra persona, hasta el punto de sentir envidia de ella?*

- *¿Agradezco en mi oración mi vida, mi forma de ser, mi historia y el momento que me toca vivir hoy?*

- *Jesús venció la envidia mostrando caridad con su oponentes. ¿Cómo puedo aprender a bendecir a quienes me lleguen a desear el mal?*

8

Jesús en el desierto: 40 días y 40 noches de tentaciones

Después de haber contemplado y escuchado a Jesús en su lucha frente a los siete pecados capitales y sus tentaciones, que resumen las causas del mal en las relaciones humanas, nos falta desentrañar el famoso pasaje de las tentaciones de Jesús en el desierto que está descrito en los tres evangelios sinópticos, a saber, Marcos, Mateo y Lucas. Cada uno de ellos lo presenta con su propio sabor y estilo, pero nos vamos a basar principalmente en la narración de Mateo, que dice así:

> Entonces Jesús fue llevado por el Espíritu al desierto para ser tentado por el diablo. Y después de hacer un ayuno de cuarenta días y cuarenta

noches, al fin sintió hambre. Y acercándose el tentador, le dijo: «Si eres Hijo de Dios, di que estas piedras se conviertan en panes». Mas él respondió: «Está escrito: "No solo de pan vive el hombre, sino de toda Palabra que sale de la boca de Dios"». Entonces el diablo le lleva consigo a la Ciudad Santa, le pone sobre el alero del Templo, y le dice: «Si eres Hijo de Dios, tírate abajo, porque está escrito: "A sus ángeles te encomendará, y en sus manos te llevarán, para que no tropiece tu pie en piedra alguna"». Jesús le dijo: «También está escrito: "No tentarás al Señor tu Dios"». Todavía le lleva consigo el diablo a un monte muy alto, le muestra todos los reinos del mundo y su gloria, y le dice: «Todo esto te daré si postrándote me adoras». Dícele entonces Jesús: «Apártate, Satanás, porque está escrito: "Al Señor tu Dios adorarás, y solo a Él darás culto"». Entonces el diablo le deja. Y he aquí que se acercaron unos ángeles y le servían (Mateo 4,1-11).

Lo primero que podemos afirmar es que la escena de las tentaciones no es un prólogo de la vida de Jesús, sino un resumen de esta, que los evangelistas han querido situar al principio de su relato a modo de presentación, pues la figura del tentador acercándose a Jesús se repite a lo largo de toda la obra. El desierto al que fue llevado por el Espíritu tampoco es un lugar geográfico, sino que representa el desierto de la vida, en el que permaneció 40 días y 40 noches, que en la simbología bíblica indican un ciclo o una vida entera. Jesús fue confrontado y probado por el espíritu del mal, encarnado en sus oponentes y adversarios, durante toda su vida, y de ello dan fe los relatos evangélicos, que utilizan la misma palabra –«tentación», «prueba» o «*peirasmós*» en griego antiguo– para describir los embistes tanto del tentador en el desierto como de las personas de carne y hueso que intentaron confundir y desviar a Jesús de su camino, pues el tentador actuó precisamente a través de esas personas.

El evangelio de Mateo afirma con claridad que el tentador del desierto y las personas que aparecen en la vida de Jesús para ponerlo a prueba son los mismos, como podemos ver en las siguientes escenas: «Se acercaron los fariseos y saduceos y, *para ponerle a prueba,* le pidieron que les mostrase una señal del cielo» (Mateo 16,1). «Y se le acercaron unos fariseos que, *para ponerle a prueba,* le dijeron: "¿Puede uno repudiar a su mujer por un motivo cualquiera?"» (Mateo 19,3). «Mas los fariseos, al enterarse de que había tapado la boca a los saduceos, se reunieron en grupo, y uno de ellos le preguntó *con ánimo de ponerle a prueba*: "Maestro, ¿cuál es el mandamiento mayor de la Ley?"» (Mateo 22,34-36). Los fariseos y saduceos, es decir, los representantes del poder religioso de su tiempo, fueron los instrumentos a través de los cuales el diablo pretendió llevar a cabo su tarea, que no es otra que intentar confundir a la persona para alejarla de la voluntad de Dios, pues ese es el significado etimológico de «*diábolos*», «aquel que confunde o miente».

En el relato bíblico de las tentaciones en el desierto, Jesús se encaró de forma figurada a la totalidad de situaciones con las que se enfrentaría a lo largo de su vida, y que son las mismas que pudieran llegar a sabotear cualquier proyecto de vida de una persona que quiera darle su lugar a la voz de Dios. En su triple presentación –pan, prestigio y gloria– encarnan los valores del mundo, que han seducido y siguen seduciendo bajo apariencia y promesa de felicidad al ser humano: riqueza, fama y poder. Las tres tentaciones, o propuestas del tentador, apelan directamente al ego de la persona; las respuestas de Jesús, en cambio, ponen la mirada en Dios antes que en sí mismo y sus necesidades, citando el libro del Deuteronomio, es decir, la Ley de Dios.

Ese intento de hacer descarrilar a Jesús tentándolo a partir de su propia ambición se manifiesta en la expresión, repetida dos veces por el diablo, «Si eres Hijo de Dios...». Al final de su vida, desde la cruz, Jesús tuvo que volver a escuchar esas mismas palabras: «Los que pasaban por allí le insultaban, meneando la cabeza y diciendo: "Tú que destruyes el Santuario y en tres días lo levantas, ¡sálvate a ti mismo, *si eres Hijo de Dios,* y baja de la cruz!"» (Mateo 27,39-40). El diablo es, en definitiva, una actitud contraria a la voluntad de Dios, que se expresa a través de aquellos que se convierten en sus agentes, prestando su voz al tentador-diablo. Su propuesta no es la maldad, sino la autocomplacencia; sus tentaciones apelan al ego y a su instinto de autopreservación, intentando frustrar el proyecto de Dios que, como hemos mencionado anteriormente, se resume en la donación de uno mismo.

Un tentador inesperado en la vida de Jesús fue su propio discípulo, Pedro, cuando lo increpó ante el anuncio de Jesús de que su vida estaba llamada al fracaso desde el punto de vista de los valores del mundo: «Pero él, volviéndose, dijo a Pedro: "¡Quítate de mi vista, Satanás! ¡Escándalo eres para mí, porque tus pensamientos no son los de Dios, sino los de los hombres!"» (Mateo 16,23). Es el mismo nombre con el que Jesús, al final del relato de las tentaciones, desenmascaró al tentador o diablo y lo alejó de su presencia: «Apártate, Satanás...». Este tercer nombre significa en hebreo «enemigo» o «adversario», y se suma a los dos anteriores. Es llamativo que el propio Pedro, su primer apóstol, fuera increpado por Jesús con el nombre de «Satanás» cuando su postura se volvió contraria a la del Espíritu de Dios.

Vemos con claridad que el tentador no cesó en su empeño durante toda la vida de Jesús, como no lo hace en la vida de cualquier persona que quiera vivir en coherencia con la voluntad de Dios. Jesús mismo advirtió a los suyos en la noche de Getsemaní, como describe Mateo en su evangelio, de ese peligro: «Viene entonces donde los discípulos y los encuentra dormidos; y dice a Pedro: "¿Conque no habéis podido velar una hora conmigo? Velad y orad, para que no caigáis en tentación; que el espíritu está pronto, pero la carne es débil"» (Mateo 26,40-41). Si Jesús fue tentado durante toda su vida, no iba a ser distinto para sus discípulos. Sin embargo, él les legó el ejemplo de su propia vida, resumida en estas palabras dirigidas al Padre en la misma noche orante: «No sea como yo quiero, sino como quieras tú» (Mateo 26,39).

- *¿He escuchado alguna vez en mi vida una voz que me quisiera apartar de un proyecto o de un compromiso adquirido, y que me haya confundido en mi camino?*

- *¿Cómo logro superar las demandas de mi ego, que pide una y otra vez reconocimiento y atención?*

Conclusión
Humanos con Cristo

Alo largo de estas páginas nos hemos acercado a las experiencias de Jesús, el Cristo («ungido»), el Hijo de Dios (cf Marcos 1,1), con el tentador, tanto en el acoso directo que sufrió de él en primera persona, como en los efectos que causó en sus contemporáneos. Bregado en las dificultades de su misión de anunciar el reinado de Dios, hemos visto que ninguna experiencia que pueda llegar a amenazar el recto caminar de una vida que se quiera confiar en Dios le fue ajena a Jesús, quien fue probado en todas las tentaciones universales como cualquiera de nosotros.

Quien se deja llevar al desierto de la vida por el Espíritu, como hizo Jesús, necesariamente tendrá que estar dispuesto a responder como hizo él frente a esas tentaciones para poder acercarse al proyecto de Dios. Como hemos visto, la estrategia principal del tentador es confundir a la persona al ofrecerle una vida alejada de las renuncias inherentes al compromiso, diluyendo la radicalidad del mensaje, y brindarle un camino más razonable y llevadero. El tentador se presenta como alguien cercano y solidario frente a las dificultades del camino –aparece cuando Jesús siente «hambre»–, y nos propone auxiliarnos y aliviarnos en nuestras luchas diarias. Sin embargo, siempre que yo opte por mi persona antes que por el prójimo, habré cedido ante la tentación, pues esta se resume en una mirada centrada en mí mismo.

Es bueno recordar que Jesús no invita a sus discípulos a una vida de renuncias y de sacrificios continuados más allá de las que se derivan de la opción primordial por el amor a Dios y al prójimo, lo que expresó con claridad en su respuesta a Pedro: «Entonces Pedro, tomando la palabra, le dijo: "Ya lo ves, nosotros lo hemos dejado todo y te hemos seguido;

¿qué recibiremos, pues?". Jesús les dijo: "[...] Todo aquel que haya dejado casas, hermanos, hermanas, padre, madre, hijos o hacienda por mi nombre, recibirá el ciento por uno y heredará vida eterna"» (Mateo 19,27-29). Ya en esta vida, Jesús les promete a sus seguidores el ciento por uno de aquello a lo que estén dispuestos a renunciar, pues la vida cristiana está llamada a ser una vida en plenitud y alegría una vez hayamos vencido la tentación del ego que demanda ser atendido primero antes que mirar a su semejante.

Jesús, desde su propia experiencia humana, nos enseña pues a enfrentarnos a las tentaciones con la única respuesta válida que es capaz de desarmar al tentador: la donación de uno mismo, como hizo él a lo largo de su vida, frustrando así las intenciones del diablo una y otra vez. Afirma con razón el concilio Vaticano II: «El hombre, única criatura terrestre a la que Dios ha amado por sí mismo, no puede encontrar su propia plenitud si no es en la entrega sincera de sí mismo a los demás» (*Gaudium et spes* 24). Hemos visto que las tentaciones de Jesús fueron reales, como fue real su naturaleza humana; de lo contrario no serían válidas para nosotros. Tan humano fue Jesús en su compasión por los enfermos, los necesitados y los hambrientos, como lo fue en el momento de tener que enfrentarse a las tentaciones a las que fue sometido. Por eso su respuesta nos indica la nuestra: estar dispuestos a perder, antes que ganar, sabiendo que Dios no abandona a aquellos que en Él se confían.

Hoy en día podemos afirmar que la tentación de la vanidad personal se ha revestido de nuevas formas, relacionadas con el afán de tener éxito, o de pretender mostrar resultados en la vida personal, así como social, pastoral, etc. La vida de Jesús no se midió en alcances o logros, sino que se definió por su opción radical por la cruz, es decir, por estar dispuesto a sembrar antes que a cosechar, y a abrazar el aparente fracaso de su misión sin amargura. Cuando los seguidores de Jesús queremos vivir e incluso exhibir logros y triunfos, incluyendo las mismas obras de evangelización o de misericordia, vuelve a presentarse la seducción de la vanidad, tan contraria al servicio humilde de quienes se saben instrumentos de la gracia divina, antes que protagonistas.

Como hemos mencionado, la mayor tentación a la que fue sometido Jesús fue la de rechazar o querer evadir la cruz, símbolo de su entrega total a la voluntad de Dios. La cruz implica estar dispuestos a sufrir burlas y desprecios, y a permanecer en el camino de la donación de uno mismo, pues solamente a través de la cruz podemos, como Jesús, acceder a la vida plena en Dios, como él mismo enseñó: «Entonces dijo Jesús a sus discípulos: "Si alguno quiere venir en pos de mí, niéguese a sí mismo, tome su cruz y sígame"» (Mateo 16,24). Las renuncias de la cruz son las renuncias al poder, al éxito o al reconocimiento, pues estos son la puerta de entrada para que anide en el corazón cualquiera de los pecados capitales que hemos descrito. Con el lenguaje figurado de su época, así lo describió Jesús: «Cuando el espíritu inmundo sale del hombre, anda vagando por lugares áridos en busca de reposo, pero no lo encuentra. Entonces dice: "Me volveré a mi casa, de donde salí". Y al llegar la encuentra desocupada, barrida y en orden. Entonces va y toma consigo otros siete espíritus peores que él; entran y se instalan allí, y el final de aquel hombre viene a ser peor que el principio» (Mateo 12,43-45). La casa, el corazón, es decir, la vida de los seguidores de Cristo necesita estar habitada permanentemente por el espíritu de servicio y de donación de uno mismo para no ser acosada por los espíritus de las tentaciones.

Plenamente humano, Jesús conoció nuestra naturaleza a la perfección, pues en ella se encarnó, vivió y murió. Desde esa experiencia nos dejó como legado la única respuesta correcta frente a todas las tentaciones, enunciada en la oración del Padrenuestro que él mismo enseñó: «Hágase tu voluntad en la tierra como en el cielo». La tarea de sus seguidores, por lo tanto, siempre será buscar y abrazar esa voluntad, que no es más que una vida de amor y servicio, y así alcanzar una paz verdadera, lejos de cualquier tentación que pueda turbar el corazón. No faltarán los ángeles que nos acompañen en ese camino.

- *¿En qué momentos de mi vida he abrazado la cruz, es decir, he logrado entregarme enteramente a la voluntad de Dios, renunciando a la mía propia?*

- *¿Quiénes han sido los ángeles que me han acompañado o me acompañan en el camino de la vida, y que me han ayudado a perseverar en mis compromisos?*

«Pues, por el hecho de haber padecido sufriendo la tentación, puede auxiliar a los que son tentados» (Hebreos 2,18).

Índice

Prólogo, por Manel Gasch i
    Hurios, OSB 9

Introducción. En todo igual
    que nosotros 19

1. Jesús y la ira 25
2. Jesús y la soberbia 33
3. Jesús y la gula 41
4. Jesús y la lujuria 49
5. Jesús y la avaricia 57
6. Jesús y la pereza 65
7. Jesús y la envidia........................... 73
8. Jesús en el desierto: 40 días
    y 40 noches de tentaciones 81

Conclusión. Humanos con Cristo........... 89

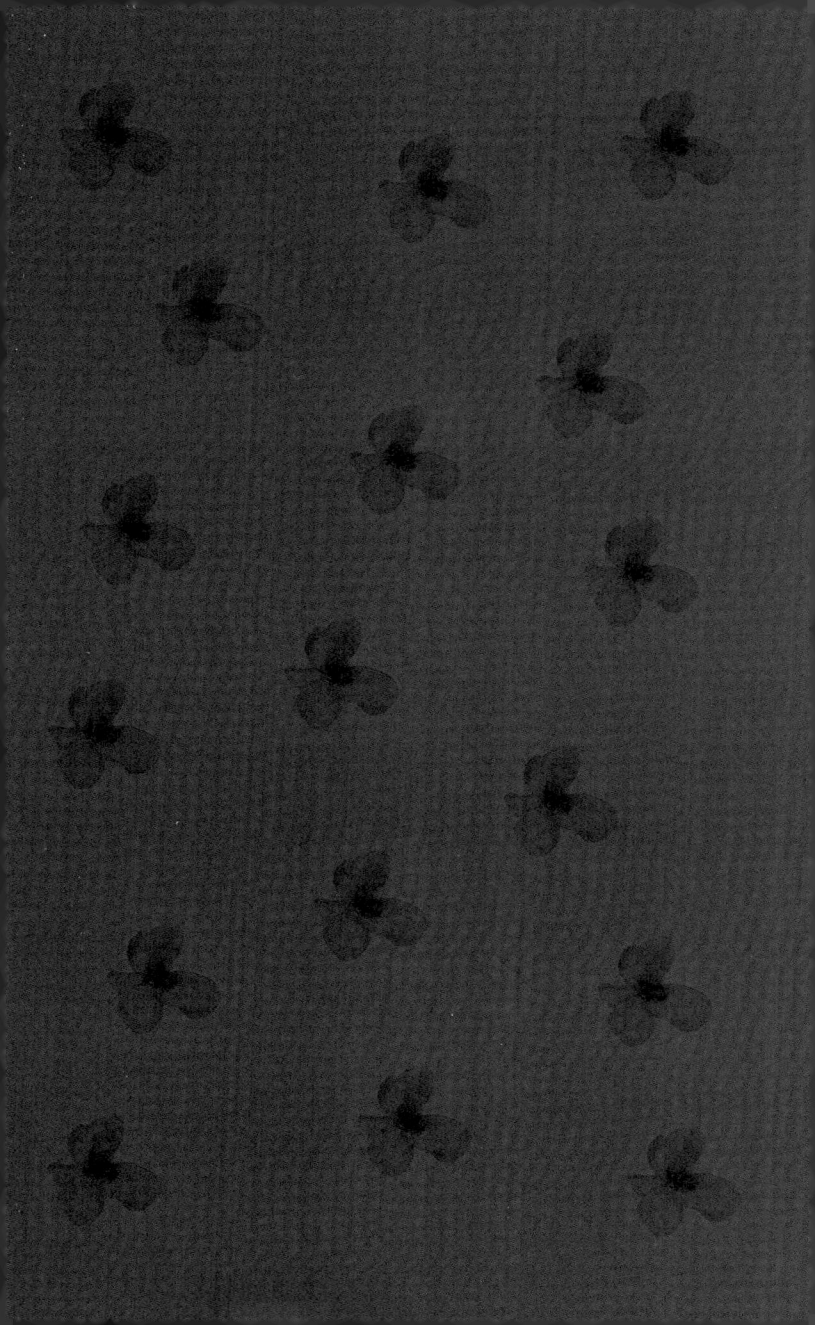